Samedi
9h 30
aus le
lundi
31.07

ATTENT...
...TU...
AU REÇU...

JN064951

TAJINE

Xavier

旅するインテリア
Pieces of Travel

口尾麻美

Pieces of Travel
はじめに

子供の頃からお菓子や料理を作るのと同じくらい部屋の模様替えが好きだった。大人になって料理は仕事になったが、雑誌に出るきっかけは料理ではなくインテリアの取材だった。それから世界の料理を知りたくて旅に行くようになった。旅は料理にとどまらず、インテリアのヒントもたくさん私に与えてくれた。旅先で出会ったモノやアイデアは私にとって宝物。旅へ行くたびにモノが増える我が家。ミニマルな暮らしがブームの世の中と逆行してるかもしれないけど、私には居心地のいい空間。忙しい日々にふと目に入る心躍る旅先の空気をまとったモノたちは暮らしのアクセント。いつだって旅に連れ出してくれる。

——— 口尾麻美

003

chérissons — nous

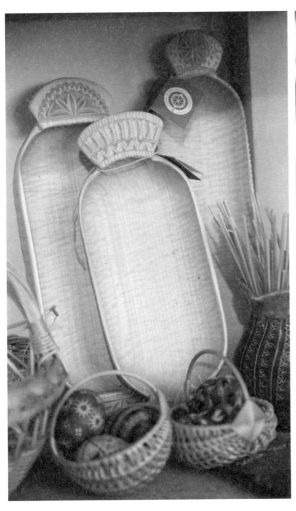

CONTENTS

Column
キッチンは自分そのもの

自分の理想のキッチンを持つことが夢だった。それが現実になるずっと前から海外のインテリア雑誌を切り抜いたり、雑誌のインテリア特集を見るのが大好きだった。いざその夢が現実になろうとした時、日本の住宅事情や施工業者（イメージが伝わらない）、建材（ガスコンロ、水道の蛇口やシンク、タイル……好きなモノがない）にいたるまで思うようにいかないことに気づいた。もどかしくて、どんなに自分で作ることができたらいいのにと本気で思ったことか。でも、やらないわけにはいかないので、最低限の設備は作ってもらって後々考えていこうと思い、今のスタイルができていった。私にとってキッチンは神聖なものというよりは、自分の部屋に近い。それゆえ「キッチンだからこうあるべき」という考えがあまりない。好きなモノを並べたお気に入りの空間であることが最優先。そんなわけでお気に入りであふれてしまったキッチン。散らかるのはすぐだけど、片付けは時間がかかるし、いつも何かを探している……。時々イライラするけど、楽しくなったり、すごく落ち着く時もある。キッチンを見ると、まるで自分の内側を見てるような感覚。自分をさらけ出したような空間。隠しようのない自分がそこにある。だから初めてのお客さんに見られるのは少し恥ずかしい。そんな私のキッチン。

Pieces of Travel

世界が詰まったキッチン

旅先で見つけた器や道具。キッチン
はお気に入りであふれている。

| お気に入りの器や道具 |

いろいろあるお気に入りの中
から、我が家のスタンダード
をピックアップ。

Vintage SÔNG BÉ
ヴィンテージ ソンベ焼き

ベトナム南部旧ソンベ省で作られていた民芸皿。ひと
昔前までは市場で10枚まとめて売られていた庶民の
食器。釜が廃止になり、1950〜70年にかけて作ら
れたヴィンテージのソンベ焼きが出回るようになった。
おもしろいのは時代によって器の雰囲気がまったく違
うこと。統治時代の影響を受けたフランス風や中国風、
幾何学模様だったり……探すのが楽しい。手描きの絵
柄や器のサイズがまちまちで素朴なところは共通（そ
こが好きなところ）。食卓に並べるたび、素敵な柄だ
ね〜って思わず口に出してしまう。

Çaydanlık
チャイダンルック

トルコの2段式ポット。一日中、チャイを飲むトルコ人。下段はお湯、上段は濃く淹れた紅茶。グラスに紅茶を適量注ぎ、下段のお湯で好みの濃さにチャイを仕上げる。キャッチーな見た目が気に入っている。

Harira Bowl
ハリラ ボウル

モロッコのスープボウルは幾何学模様や手描きの柄のものもあるが、この伊万里風のものは安宿の食堂や屋台、家庭でも日常的に使われている。裏には嘘っぽい感じで made in JAPAN や CHINA の文字。東洋的な器が好まれている（高級っぽいところがいいらしい）のも驚きだが、それがモロッコ料理と融合するとエキゾチックな魅力が倍増。それまで伊万里焼になんの興味もなかったのに、たちまち欲しくなった。これらはスペインをはじめとしたヨーロッパで人気で、コセマ（モロッコの陶磁器会社）が輸出用に作っていたとか。モロッコで逆輸入した伊万里は、和食には決して使わないのが我が家のルール。

Verres

ミントティーグラス

モロッコのミントティーグラスはカラフルな柄が魅力。ひとつふたつというより数で見せたくなる。ちなみにモロッコではグラスは6個で1セット、バラ売りしてくれない。アラベスクな柄もいいが、淡いグリーンのリサイクルガラスなのも素朴な味わいがある。グラスに注がれる緑茶入りで甘い「يﺎﺗﺃ アッツァイ（ミントティー）」は日常の飲み物。お酒を飲まないモロッコでは、ベルベルウイスキーともいわれ、昔はお酒のような贅沢品だったそう。小さなグラスでいただくミントティーは特別感がある。もちろん飾っておいても絵になる。

Tagine

タジン

モロッコの鍋・タジンは、食材の水分で効率よく調理ができる砂漠生まれ。三角のフタは可愛いだけじゃなく機能も兼ね備えている。出会いは20年以上前に夫からもらった小物入れのタジン。その形に惹かれて集めるようになったけれど、当時日本ではほとんど買えなくてパリへ行った時に買っていた。それから10年くらい経ってついにモロッコへ。そこには今まで苦労して探していたタジンが笑っちゃうくらいあった。その後、夢だった著書を出版した。もちろんタジンのレシピ本だ。私の人生を導いてくれたタジン。今もタジンの神様に感謝している（笑）。

TATUNG Dian go
大同電鍋

モロッコのタジンの次に、私の代名詞的調理器具となった台湾の電気釜。日本の 1950 年代の炊飯器がそのルーツ。台湾では一家に 1 台以上あるといわれている。炊飯器の枠を超え、「蒸す」「炊く」「煮る」「温める」など万能電気釜として確固たる地位を築いた。可愛いらしい見た目は 60 年前と変わらず、すでに当時に完成されたデザイン。機能も変わらず、現役（日本の当時の炊飯器は博物館に）。シンプルな操作がアナログ的で愛着が湧き、タジンと共通する部分でもある。調理中にフタがカタカタ鳴ったり、ポンッというスイッチが上がる音が生きものっぽくて、ペットみたいな存在だ。

Mini frying pan
小さいフライパン

ベトナムの屋台で使われるアルミの中華鍋風。
トルコの朝ごはんのメネメン（スクランブルエッグ）を作る銅のフライパン。スペインのタパス用のフライパン。どれもそのままテーブルに出せるし、ままごとみたいなサイズ感が good。

Pepper mill

ペッパーミル

料理を仕事にして初めて買った調理道具が胡椒挽き。働いていた店の厨房にあって、家でもガリガリと胡椒を挽きたくなった。それから旅先などで見つけては買っている。私にとっては修業時代を思い出させる基本のキッチンツール。

Terracotta Pot
素焼きの鍋

タジンを筆頭に、土でできた鍋が好き。温かみのあるフォルム、自然素材が放つエネルギー。昔の暮らしを体現するような感覚がいい。私の中の縄文が目覚める。

｜気がついたら集まっていたモノ｜

知らないうちに気がつくと同じようなアイテムが集まってい
る。たいてい、それはひとつあればいいもの。それでも集ま
ってくる。やっぱり好きだから……なコレクション。

Table 小さいテーブル

モロッコ、トルコ、ベトナム、韓国……アジア。私の好きな国
には日本のちゃぶ台のように、小さくて低いテーブルを使う文
化がある。モロッコは低いイスを合わせたり、マットレスだけ
のソファに合わせたり、砂漠では絨毯を敷いて直に座ってティ
ーセレモニー。トルコでは路上のあちこちに低いテーブルセッ
トがあってチャイを飲んでいる。ベトナムでは路上の屋台やカ
フェまでもが地面に近い。場所も取らないし、片付けやすい。
見た目の可愛いらしさもあるけど、" 床に近いと心地いい " の
は原始からの DNA なのか。使うたびに旅の情景が浮かぶ。

Saucisson ソシソン

「Saucisson ソシソン」はフランス語でソーセージという意味。フランスはソーセージのモチーフが多い。南仏のリル・シュル・ラ・ソルグはアンティークの町。たまたま入ったお店で出会ったのが写真中央のもの。所狭しと並んでいる商品に紛れ、いろんなソシソンがぶら下がったコーナーがあった。「これもアンティーク？」店のご主人に尋ねたら、奥さんの手作りだという。本物っぽく見せるため、粉がふいた感じを白いペンキで表現。まあまあの値段だったがこの店の一番の売れ筋で、製作が追いつかないほどだとか。ただ可愛いだけじゃない、キッチュでシュール。いろいろさげたくて奥さんを真似て、自分でも作ってしまった。J'adore les saucisses. ソーセージ大好き。

Zaru ザル

ザルやカゴはどこの国にもあるアイテム。素材や形も似ているようで少しずつ特徴が違ったりする。天然素材、プラスチック、アルミやステンレス。大きさもさまざま。天然素材はその国の気候にあった素材で、伝統的な美しさと昔から使われてきたという文化を持ち帰る感じがするし、プラスチックは色が放つパワーがいい。屋台のテーブルに置いてあるピンクの小さなザルに入ったグリーンの柑橘。食器入れ。路上に直置きの大きなプラザルには新鮮な野菜。どれも目を引く色使い。また旅先ではザルの使い方のヒントも多い。それを見るたびどれも欲しくなる。「いくつあっても困らないしね」といつも自分に言い聞かせては連れて帰っている。

Egg Case エッグケース

卵の収納に悩んだことがある。日本の卵のプラスチックケースが嫌いで、どうしてもあれから出したかった。出したあと、どうする？ そう考えてカゴに入れた。卵は常温保存が可能らしい。海外の卵のパックって、なんだかおしゃれ。紙だったり、カゴに入れて売っていたり、市場だと藁の上にのせて売っているのも見たことがある。おそらく昔は、卵を買って割らずに持って帰るのに苦労したに違いない。フランスのブロカントにはプラスチックの携帯用ケースがある。卵を保管する小棚もある。エッグケースからは卵愛を感じてしまう。日本にはないジャンルの生活雑貨だ。

Bird 鳥のモチーフ

世界には動物のモチーフがたくさんある。中でも鳥は人間に身近な生き物で、そばに置くのにちょうどいい。リトアニアからは絵皿、笛、琥珀を散りばめたフクロウの置物。指くらいのサイズの陶器にも鳥の絵が描かれている。パリで見つけた中国の鳥籠のオルゴールはネジを回すと鳥のさえずり。バターの型、ブロカントで見つけた置物。取手が鳥の入れ物はトルコのもの。スペインで見つけた made in CHINA のカゴ。中華圏ではニワトリは縁起のよい生き物とされ、日本だとフクロウは「不苦労」。苦労しないなど幸運のシンボルだ。鳥は幸福感とともに、やさしい気持ちになれるモチーフ。

Honey Bear クマのボトル

クマが好き。スーパーでハチミツを買う時、値段の高いものは別として、迷わずクマのボトルを選ぶ。ある時、気づいた。メーカーによってクマの顔が微妙に違うこと。それから、海外のスーパーでも必ず、ハチミツコーナーをチェックしている（瓶ものはジャムやマスタードバージョンもある）。だけど探し出すと、変わったクマってそんなに多くないことがわかった。空きボトルは韓国のお母さんがよくやるペットボトルにゴマや粉唐辛子を入れて使うスタイルを真似してスパイス類を入れて使っている。人間を襲ったりしない可愛いクマ、キッチンを占領すべく増殖中（怖っ）。

| これなんですか？ |

我が家に来た人から、よく聞かれる
質問にお答えするコーナー。

1

यह क्या है?

2

Qu'est-ce que c'est?

4

5

3

что это?

8

6

7

9 Bu nedir?

10

11

؟این ‪19‬

12

13

Cái này là cái gì?

14

15

16

17

045

| 答え |

1 カッドゥカス in India

インド式おろし金。我が家では「インドのしりしり」と呼んでいる。インド人のお母さんが使っているのを見てすぐさま購入、横置きというのが斬新。野菜の千切りに便利だが、縁が鋭利な作り（異国クオリティ）なので要注意。

2 ムーラン in France

野菜のミル。茹でたじゃがいもをマッシュにしたり。トマトの裏ごしなどフランスのキッチンの必需品。

3 ペリメニベーカー in Russia

ペリメニ（ロシアの水餃子）を一度にたくさん作れる便利な金型。ソビエト時代からあるもの。

4 ステンレス七輪 in Vietnam

鍋大国のベトナムのもの。テーブルにこの七輪と固形燃料をセットしたら路上が食堂に早変わり。

5 コーヒーのドリッパー in Vietnam

ベトナムコーヒーのドリッパー、グラスの上に直接載せて使う小サイズからまとめて淹れられるビックサイズまで。キッチュなアルミ製。

7 波刃包丁 in Vietnam

アジアでは定番の刃がなみなみの包丁。大根やにんじん、きゅうりなど野菜の飾り切りに。

Open!

6 ポレッキカッター in Turkey

ボレッキ（トルコのパイ料理）を切り分けるナイフ。前後に動かしながらカット。トルコのおじさんの包丁さばきにひと目惚れ。

8 きのこナイフ in France

使う日が来るかわからずも、可愛いくてパリの蚤の市のナイフ屋さんで購入。収穫したキノコの土を落とすブラシやキノコの長さを測るメモリ付き！

9 ギュヴェチ in Turkey

トルコの素焼きの土鍋。肉や野菜を入れてコトコト煮込む料理に。粗い作りと土器感が異国気分を盛り上げる。

10 チェキチ in Uzbekistan

ノン（円形のパン）に模様をつける専用のスタンプ。

11 くるみ割り in Lithuania

クルミやヘーゼルナッツなどの殻割りに（銀杏もOK）。愛らしい見た目とは裏腹になかなかいい仕事をする。

12 スコップ in Taiwan

「通用匙」と書かれている（なんでもすくえるという意味で、それが購入の決め手）レトロなプラスコップ。

13 バイン・コット用の鍋 in Vietnam

まるでたこ焼き器。ベトナムのバイン・コットという軽食専用の鍋。

14 ケスカス in Morocco

クスクス専用の蒸し器。下段でスープ、上段で戻したクスクスを入れてスープの蒸気で蒸す。

15 ジャズベ in Turkey

ターキッシュコーヒーを淹れるための小鍋。

17 イランの鍋蓋カバー in Iran

おこげごはんを炊く時に、水滴が入らないように鍋の蓋にかぶせるカバー。

16 スパイス飾り in Turkey

トルコの薬局に行くと店内に下げられているスパイスやオクラ、ガーリックなどを糸で数珠繋ぎにしたもの。虫除けや料理に活用。

CARTE POSTALE

Maison de qualité reconnue dans les univer~
Quincaillerie, Droguerie, Coutellerie, Arts cu~
depuis 1827

merci !

94033   4 руб.

94032   34 руб.

Afiyet olsun

TEŞEKKÜR EDERİZ

Afiyet olsun

Afiyet olsun

TEŞEKKÜR EDERİZ

TEŞEKKÜR EDER

Column

ヴィヴィット ウズベキスタン

お気に入りのウズベキスタンの器は、ソビエト時代に中央アジアで作られた食器で 1960 〜 90 年代に生産されたヴィンテージ。出会いはイスタンブールの「Kapalicarsi カパルチャルシュ」ことグランドバザール。迷路のようなバザールでひと際、異彩を放つ柄と色。引き寄せられた店内は民族衣装やスザニが壁を埋め尽くすヴィヴィットな世界。大小さまざまな柄のカラフルなボウルやポットに大皿。はじめて見たウズベキスタンの雑貨は、知らない国との距離を一気に縮めた。チャイが運ばれ、店主の話も半分上の空……。どれも欲しくて……決めるのにものすごいエネルギーを消耗したのを思い出す。店主曰く、「現地よりイスタンブールの方が揃っている」との言葉を真に受け、通うように。集めたくなるその魅力は、もう生産されていないという希少性と、わりと手頃な値段。だけどなにより惹かれるのは、その柄！　めずらしいデザインを見つけた時の高揚感。出会って以来、グッと目を惹くデザインの器たちは、我が家のインテリアに革命を起こしたといってもいいくらいの存在感を放っている。その後、ソウルのウズベキスタン街、トビリシのヴィンテージショップ、ウラジオストクの蚤の市……行く先々の国でウズベキスタンのかけらを収集してきたけど、回り道ばかりで、なぜだか憧れの地にはまだ足を踏み入れていない。憧れというのは追いかけているのが楽しい時間だったりする。ヴィヴィットな器はいつだって私にときめきをくれる大切なアイテム。

Pieces of Travel

世界中の雑貨

旅への扉を開く、雑貨コレクション。
雑貨で旅をする。

| パッケージインテリア |

仕事柄、各国の調味料や食材をよく買う。旅先でもローカルスーパーに行くのが大好きで、滞在中、何度も足を運んでは物色。海外の食品パッケージは、色、柄、デザインが魅力的なモノが多くてジャケ買いすることも多い。お茶と思って買ったら胃薬だった！なんてことも。イカしたパッケージはしまっておくにはもったいない。ちょっとおかしいかもしれないけど我が家ではそれらをインテリアグッズとしている。飾っておくだけでも絵になるので、棚の一部をエピスリー（食材店）のように並べたり、使い終わった包み紙や箱、缶、ラベルはコレクションしている。それらのパッケージはやがてマグネットになったり、額縁に入れたりして、キッチンや部屋を彩る要素のひとつになっている。

よくあるえびせんの箱（表）。身近なパッケージも
額に入れると魅力に気が付く。

マカオで買った麺の袋。赤い文字と
袋の透け具合がレトロ。香港のオイ
スターソース缶はそのまま箸立てに。

えびせんの箱の裏側も可愛い。

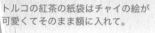
モロッコのスープの箱を DIY
した小さな棚からチラ見せ。

クスクスの袋。アラビアンなデザインと
透明な袋がステンドグラスのよう。

トルコの紅茶の紙袋はチャイの絵が
可愛くてそのまま額に入れて。

モロッコのオイルサーディンの
パッケージはスクラップ風に。

インドのミックスマサラの箱やシールをコラージュして、ちょっとしたアート気分。

調味料を入れているカートに
マグネットを貼ってカスタム。

フランスのキャンディ缶にマヨ
ネーズのおまけのマグネットを
くっつけて。

マグネットコーナーには、おみや
げの定番マグネットとパッケー
ジやお菓子の包み紙などで作っ
た自分だけのマグネットをコラ
ージュ。マグネット作りは、息
抜きになる楽しい作業。

駄菓子屋風、お祭り屋台風
に吊るして楽しむ。

Enjoy!

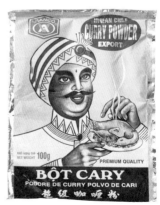

エプロンコレクション

どちらかといえば、プライベートではエプロンをしない方。だけど海外の市場のおばさんのエプロン姿が可愛いかったり、屋台のおじさんのコックコート姿がカッコよかったり。働く姿に憧れて、その土地土地のエプロンやコックコート、作業着なんかを集めている。着ればちょっとしたコスプレ気分。数あるコレクションの一部をご紹介。

JACKET
ジャケット

白衣系を着ているのはおじさんが多い。モロッコでは屋台のおじさんが白、作業系の人はブルーのジャケット。ともに made in FRANCE。フランスではマルシェのおじさんが着ている。赤いチェック柄のはトルコ。実はトルコはユニフォーム天国。問屋街に行きつけの店がある。

ZEKKEN
ゼッケン

懐かしいけど、ありそうでないデザイン。かぶって着るタイプ（勝手にゼッケンタイプと命名）で、どんな体型の人でも着られる。寒い時はアウターの上からだって着られる。

トルコの路面電車の柄のエプロン。絵柄が逆さになっている（笑）。

縫製が粗いエプロン。カーキにレッドのパイピングがミリタリー風でベトナムっぽい。

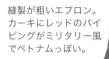

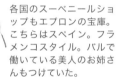

フランスの魚屋さんが着ているナイロンのエプロン。

宮廷女官チャングムが着けていたような伝統的な前掛けタイプ。刺繍入り。from KOREA。

各国のスーベニールショップもエプロンの宝庫。こちらはスペイン。フラメンコスタイル。バルで働いている美人のお姉さんもつけていた。

ONE PIECE
ワンピース

フランスでは田舎のおばあちゃんが着ているワンピースタイプのエプロン。小花柄やチェックがレトロ。

｜布もの｜

旅先にはその国ならではの伝
統的な柄や色使いだったり、
刺繍、フリンジ、タッセルが
ほどこされていたり、魅力的
な布がたくさんある。テーブ
ルやコーナーに広げたり、ち
ょっと隠しておきたいものに
かけたり。タペストリー、カ
ーテンのように下げてみたり、
大がかりな部屋の模様替えを
するよりも、ずっと手軽に部
屋のイメージを変えられる。

Morocco Chefchaouen

モロッコ北部シェフシャウエンのメンディールと呼ばれる手織り布。現地では腰に巻いたり、テーブルにかけたりするマルチクロス。

Morocco

モロッコの鮮やかな花柄のスカーフ。

India

ヴィンテージのラリーキルトとゆるい雰囲気のアニマル刺繍のキルト。

African taste

アフリカっぽい柄の布。大胆な柄だが、どんなイメージにも使いやすい。

Morocco Berber

黒地にカラフルなベルベル刺繍と、ブルーはメタルのスパンコールで縁取られたターバンや腰巻きの布。

Morocco Fes

フェズ刺繍は、表と裏が同じ柄の刺繍になる、モロッコの古都、フェズの伝統工芸。写真はトーションとハンカチ。

Uzbekistan

スザニはウズベキスタンの伝統刺繍。モチーフにはそれぞれ
意味があり、母から娘へ受け継がれる。ハンドクラフトの温
もりと大胆な色使いがお気に入り。

Uzbekistan

ウズベキスタンの伝統織物、イカット
柄のスカーフ。

Taiwan

台湾客家の花布は、目に焼きつく花と
色のコントラスト。

Thailand & Asia

タイやアジアのバティックプリント。
花の柄が美しい。

Nepal

ネパールのダッカ織りは素朴さと幾何
学柄がシック。

Middle east

「シュマグ」と呼ばれるアフガンストールとイランのブロックプリント。

Europe

フランスなどヨーロッパの蚤の市でみつけたヴィンテージのクロス。色褪せた、ドットとストライプが◎。

Lithuania

伝統的なテーブルセンター。リトアニアではリネンは生活の一部。織物作家のおばあちゃんの織物。

Turkey

刺繍やビーズの「Oya（オヤ、トルコ伝統の縁飾り）」が華やかなトルコのスカーフ。

旅雑貨ダイアリー

旅雑貨＝旅でみつけた道具、
食器、布、置き物、民芸品、おみやげ
etc.……。料理教室での飾りつけや器と料
理、本棚の小さなコーナー、キッチンや
玄関、部屋のあちこちに。雑貨たちのい
ろいろな表情を見るたび、楽しくなったり、
気持ちが緩んだり。そんな雑貨との日々
のシーンを切り取ったダイアリー。

大好きなアジアのプラスチック食器。並べずにはいられない可
愛さで、いつまでも眺めていたい。見ているだけで心躍っちゃ
うのはどうしてだろう。

ベトナムコー
ヒーのソーサー
は花柄のプラ皿。

ベトナムの屋台を思い出す鍋セット。

ウズベキスタンのプロフ（炊き込みごはん）の大皿。
大迫力！

猫のポットは made in CHINA。あげてる手からお茶
が出るのがなんとも愛らしい。

モロッコのスープボウル。伊万里風のエキゾチックなも
のからコーランの柄まで、いろいろ。 屋台のように積ん
で見せるもよし。カトラリーはオレンジツリーのスープ
スプーン。飲みにくいけどモロッコ気分は上々！

トルコ建国の父、アタトゥルクのマトリョーシカとイランのタイル。

トルコチャイセット。チャイグラスは横から見たシルエットが素敵だけれど、上から見たソーサーの感じも可愛いらしい。

10年以上前に買ったビッグなカップ＆ソーサー。本来は花器だけど、木彫りのクマを入れてみたら……。

モロッコのリサイクル缶
のランプにリトアニアの
ライ麦の装飾・ソダス。
大きな鏡を仕込んでおく
と、奥行きが増して空間
が広がったと錯覚。

プロカントでみつけたホーローの器。何を入れても絵になる。

レバノンのメッゼのお皿。柄が個性的。

ジョージアの民族衣装のボトルカバー。みやげものだけど、オブジェとして存在感を放つ。

インドのスパイスボックスとキャンドルを灯す素焼きのランプベース。何事もまずはカタチから。インドの神様のイラストのボックスは神棚セット。いろいろ揃えてインド気分を盛り上げる。

小さな人形は南仏プロヴァンス地方のサントン人形。小さな人形は覗き見る楽しさがある。

モロッコのバブーシュを
かたどったキーホルダー
やアイライナー、小さな
タジンや十字架の入れ物
など、いろいろ寄せ集め
のコーナー。

リトアニアのカゴのトレイ。オークのカッティングボード
には自家製のコッテージチーズを載せ、リトアニアのロー
ハニーを添えて。

ペイズリーの柄のイランのクロスに、トルコのバクルの器をコーディネート。ヨーグルトソースたっぷりのトルコ料理を盛って。

Column
いつ使うかわからないモノを持ち帰る

「旅先でモノを選ぶ基準はなんですか?」と問われるまで、正直そんなこと考えたことなかった。特に基準は設けていない。もちろん旅の準備の段階で頭の中には買い物リスト(職業柄、調理道具や食器が多い)はある。でも予定通りいかないのが旅。市場や問屋街で山盛りの商品があるのに目的のモノがない!なんてことは旅先あるある。捜索時間なんてないのが旅の常識。なのでそれだけにとらわれず、心は常にニュートラルに。それよりも「あ、これ!」というような出会いを優先に決めている。強いて言うなら「何かわからない道具も気になったら持ち帰る」が基準。使わないモノが増えるだけと誰もが思うかもしれない(夫は反対)。けど、そんなモノがあとになって用途がわかって使うようになったり、はたまた後の仕事に繋がったり。あの時買ってよかった〜という体験が嬉しくてまた次の出会いを求め

る。私の人生はモノが引き寄せる縁が繋がって今に至っている。そういっても過言ではない。そのことを証明してくれるのがモロッコのタジンだ。はじめは形に惹かれて、やがてそれが鍋だと知り、集めるようになり、夢だった本を出版することになった。まさに私の人生のターニングポイントがタジンとの出会い。だからモノを見る時、ときめくかときめかないか、直感や感覚を重視して購入している。その先のモノが連れてくる、楽しいことを待ちわびながら。

Pieces of Travel
インテリアのヒントは旅先

旅のかけらを我が家に。私的インテ
リア旅行へ出かけよう。

チャイのトレーが宙を舞う店先。

Turkey

トルコ

早朝の到着。空港からタクシーで市内へ向かう。だんだん明るくなる景色に大きなトルコ国旗がなびいている。アジアにヨーロッパサイド、旧市街、新市街、文字だけでワクワクするイスタンブール。ホテルに荷物を置いたら店が開くまでの間、ひと気のないブルーモスク周辺を散歩する。朝ごはんはおじさんに混じってボレッキ（パイ料理）を注文してトルコにきて最初のチャイを飲む。旧市街の路地。石畳、通りのネコ、タイル、行き交う人にも味わいがある。バザールのざわめき。香辛料の香り。ガラタ橋を渡って新市街へ。旅の間何度も往復するのが習わし。カモメと一緒にフェリーに乗ればローカルな雰囲気のアジアサイド。日本とはまるで違う景色なのに、しっくりくる。それが東洋と西洋が出会うイスタンブールの魅力。

壁にはタイルのモチーフ。

グランドバザールの一角。

国旗も街の一部。

アンティークショップらしい凝った鉄格子。

075

TAŞ FIRIN SİMİDİ

ごまパンを積み上げたシミット屋台。

チャイは日常の風景。

Meşale
Cafe & Restaurant

Everyday Derwich
Dance
(20:00 - 22:00)
& Live Music

Hergün S
Göster
(20:00 - 2
& Canlı M

Enjoy Your Meal

atching Derw
tening live m

スーフィーのポスター。

NIZGE NATUREL
ORGANİK ve BİTKİSEL ÜRÜNLER
DEKORATİF
KURU
KARANFİL
DEKOR.GLOVES

NAZAR /
ÜZERLİ
OTU

薬局の店先のスパイスの飾り。

桶と一緒になったハマムセット。

077

GALİP DEDE
CADDESİ ➡➡

BEREKETZADE MAHALLESİ
BEYOĞLU   (TN: 20)

LECİ
DEK
Sİ

(TN: 21)

イスタンブールのシンボル、ガラタ塔。

トルコの干し野菜、
迫力大！

伝統的な家具が異国感を醸し出す。

路面電車の壁のイラスト。

問屋街はモノと人でごったがえす。

コーヒーショップの
お菓子コーナー。

バラの絵のホーローのトレイ。

Morocco
モロッコ

ピンクはマラケシュ、白はカサブランカ、ブルーはフェズ。モロッコは街ごとに色が決まっている。土壁の家、光と影のコントラスト。モザイクタイル、吊り下げられた絨毯。旧市街という響きが好き。迷路のようなマラケシュのスークは行きと帰りでは景色が違って見える。もし、迷ったら「ジャマ　エル　フナ？」と尋ねたら指さししてくれる。合言葉のような響きもモロッコっぽい。ロバが荷物を運び、ジュラバを着た人が行き交う。中世の時代に迷い込んだようなモロッコの日常がたまらない。

タジンのフタの塀が歓迎してくれるアイトベンハドゥ。

空き缶のリサイクルランプもシックに見える。

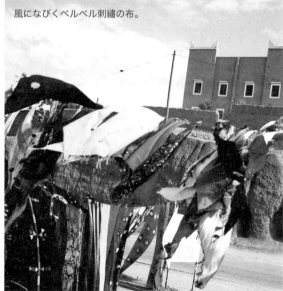

風になびくベルベル刺繍の布。

083

Lithuania

リトアニア

街はずれは、すぐに森。夏にはカゴを持って森できのこ狩り。ハーブを摘んだり、ピリティス（サウナ）に入って川に飛び込んだり。ここには森と暮らす人々がいる。ハンドクラフトは自然のモチーフ。木彫りの器やカトラリー、木彫りのクマもいる。クラフトマーケットには民族衣装の姿。昔の家には真っ白なリネンのテーブルクロスを植物で飾ったり、窓枠や棚を飾ったペーパーレース。ライ麦のストローを使った装飾、ソダスは家のお守り。田舎の家には時が止まったような時代の品々。どこもかしこも忘れていた懐かしさにあふれている。

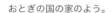

おとぎの国の家のよう。

民族衣装の帯は部屋の装飾にも使われる。

食卓に欠かせないきゅうり
は白樺のカゴに。

森の木の枝でヴィヒタ（サウナで体を叩くもの）を作る。

教会に敷地の小さなモニュメント。

収穫したキノコはカゴに入れて。

古いサウナ小屋。

森の中のハーブ畑。

魚の形のボードに黒パンを載せて。

リトアニアの国章と小さなカゴ。

本棚にはレースのあしらい。

ペーパーレースで棚を装飾。

食堂のテーブルの上。お花を飾る暮らし。

「Sodas ソダス」は天と繋がる装飾
気の流れがいいと回転するそう。

Lietuva

Halés

Bulviniai Blynai

客家の花布、湿った空気に映える。

日用品で溢れかえったお店に親近感。

鉄格子と植木。

Taiwan 台湾

心惹かれるのは、食堂のレトロなテーブルやイス。
ピンクと透明のストライプのお馴染みのビニール
袋。ビルの下のパッサージュのような屋根付き通路。
路地裏に突如現れる小さな市場。街で見かける「鐵
窗花（ティエチュアンホァ）」はデザインが可愛い
鉄格子。台湾を南下すると、南国特有の開放感と歴
史を感じる街並み。懐かしい雰囲気のタイルの壁。
鳳梨、芒果、蓮霧、火龍果……。鮮やかな色と甘い
香りが漂う果物、漢字の札さえも愛おしい。

089

France フランス

パリの異国料理に触れ、世界の食文化に興味を持った。だからパリに行っても異国の味巡り。5区にあるモスクにはアラブ菓子とカフェやハマム。マレ地区はユダヤ人街、13区はベトナム、カンボジアにチャイナタウン、18区はアラブ〜アフリカ、北駅東側は南インド……どこも東京の異国エリアとは違う色使い、店名、パリならではのアバンギャルドなセンスが光る。地方も個性的。私の好きな南仏はアラブ、イタリア、スペイン、インドなど随所に文化がミックスされている。乾いた空気、オリーブの木、北アフリカのような赤土、スパイス、ハーブ。ソレイアードが有名なプロヴァンスのプリントは、インドから伝わった板木染め。南西の山間部は牛や羊の放牧風景。チーズにシャルキュトリー、エスペレット唐辛子、スペインに続く巡礼の道。どこに行っても何を見てもすべて "Art de Vivre" なフランス。

091

ライオンヘッドの水色の扉。

シャンブルドットのネコと鉄格子。

街角のアートもシュール。

青い目の豚は肉屋のマスコット。

グレーはパリっぽい色。標識すらカッコいい。

赤の鉄格子と怪しげなウィッグが
アバンギャルド。

Spain
スペイン

9月11日、ディアダ（カタルーニャの日）だったバルセロナを後にグラナダへ。空から見える景色は乾いた空気とオリーブの木。イスラム文化が残る街並み。石畳の迷路のようなアラブ街には、「テテリア」と呼ばれるモロッコ風のカフェやバブーシュなど革製品を売る店。いつだって文化が交差する場所は旅人の気分を盛り上げてくれる。夜はバル巡りと意気込んだが1件目でお腹いっぱいになり、散歩に切り替え。どこのバルからも会話の声が溢れ出している。ホテルへの帰り道、どこからか聴こえる哀愁漂うフラメンコギターの音色は月夜にぴったりの演出。翌日、フラメンコを見たあとはもう水玉の虜になっていた。

FREE TAPAS WITH 1
DRINK
MENÚ DEL DÍA 9

ハモンセラーノだってインテリア！

テラコッタとタイルがスペイン的。

ネオンが光るフラメンコ小屋。

カスエラは日常の器。

フラメンコ小屋風のバル。

缶詰屋の見せたくなるツナ缶。

テテリアはスペインとイスラムが融合。

みやげ店の店先もラテンな雰囲気。

Russia ロシア

赤に白いラインがキュートな路面電車。デザインも
車体も古くて時代を感じる。ローカル市場には年季
の入ったコンテナのお店。商品はガラス越しに並べ
られていて、なかなかユニーク。だけど見るだけで
触ることはできず、小窓から注文するシステム。配
給をもらうみたいだ。ロシア人が大好きなアイスク
リームもレトロデザイン。スタローヴァヤ（食堂）
は懐かしさの極みで、老若男女に愛されるファミレ
スのような存在。トレーに自分の好きなものを載せ
ていくセルフサービスの学食風。いつかの昔にタイ
ムスリップしたような、極東ロシアの思い出。

ホテルの食堂のネオン。

マンションも年代を感じるデザイン。

アムールトラはウラジオ
ストックのシンボル。

グレーとイエローのバイカラー。
ЮРИСТЫ

Vietnam ベトナム

南北に長いベトナム。都会化が進むホーチミンと古き良き
時代を感じさせる古都ハノイ。どちらにもそれぞれ魅力が
あり、旅はいつも過密スケジュールになる。ノンラー（笠）
にベトナムのセットアップスタイル、アオババは風物詩。中
でもまとめ髪の少し年配女性のアオババの色、柄のセレク
トが秀逸で上級者の風格。私の中の憧れの存在だ。路上に
はおやつや軽食屋台、キッチュなプラスチック食器。毎日
がお祭り露店のよう。バイクの上で器用に
寝るおじさん、床屋さん etc.……路上
が楽しい。フランスの香り漂うコ
ロニアル建築、鉄格子、アラビッ
クなセメントタイル。一方、アジ
ア特有の熱気ムンムンの薄暗い市
場は、モノや人が放つエネルギー
が鼓動のよう。買い物も毎度体力
勝負のベトナム。

Thự

ẾN - PHỞ - B

HỊT GÀ   28.
HỊT GÀ + LÒNG   35.
ÙI GÀ   35.
ÙI GÀ + LÒNG GÀ 45.
ẶC BIỆT   70.

MIẾN

3

1. ノンラーに天秤姿は街のおなじみの景色。2. テーブルの上の調味料も可愛い。3. 木製のテーブルとプラスチックのイス。4. ガラス枠の扉は額縁効果で洒落て見える。5. バイン・フランは硬めのプリン。6. セメントタイルはフランスの香り。7. 問屋街の店先。8. 鶏を飼うのは中国由来の文化。

Georgia ジョージア

ビリシでは宿に着くなりダブルブッキングが発覚してホテルを移動する。旧市街は川を挟んで東西に分かれる。石畳と傾斜のある道、バルコニーが特徴的なペルシャスタイルの家。ぼろぼろだけどブルー、グリーンと色があって味がある。おんぼろといえば、おじいさんが運転するタクシー。悪い予感は的中、軽い追突事故で途中で降ろされる。不幸中の幸いは、そこがタンドール（壺窯型オーブン）のあるパン屋のそばだったこと。窯はインドや中央アジアのよう。焼かれるパンも薄っぺらい。ドライブリッジマーケットは日用品に加え、ソビエト時代の食器や道具、ジョージアの民芸品や古道具、なんでも売ってる蚤の市。売っているモノを見ていると歩んできた歴史を垣間見ることができる。道端にはおばさんの路上販売。おいしそうないちじくやぶどう。小分けにしたスパイスに自家製のトケマリ。思わず足を止めてお買いもの。

ホテルのフロントの時計。

チュルチュヘラとフルーツ。

トライバル柄のジョージアのキリム。

古くからワイン作りが盛んなジョージア。
民族衣装のボトルカバー。持ち帰り決定。

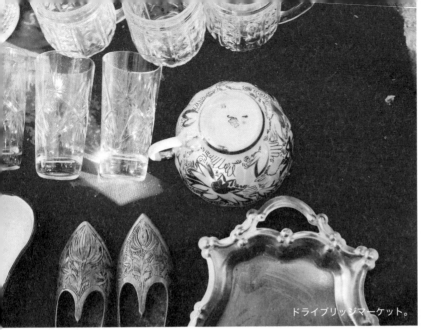

ドライブリッジマーケット。

バルコニーが飛び出た
ペルシャ式の住宅。

FAMILY WINE AND
CHACHA
ДОМАШНЕЕ ВИНО
И ЧАЧА

ハートみたいなジョージアの文字。

ワインの盃。置けないので
注がれたら飲むしかない!

Hong Kong 香港

見上げる高層ビルが密で、カメラの画角に収まらない。建物の下は小さな店がひしめき合う。街角の小さな青果店、屋台、乾物店には、使い道不明の漢方食材が並ぶ、熱気漂う夕焼けの街。夜は秘密のアドレス私房菜（プライベートレストラン）で夕食。食後は天星小輪スターフェリーに乗ってショートクルージング。まだ夜は終わらない。〆に温かい中華スイーツを食べる。朝は飲茶。「洗杯（サイブイ）」。お茶で食器を洗ったり、作法を真似て常連さんに紛れて香港の朝を堪能する。90年代の香港映画を想像しながら街歩きするのも楽しい。

1

2

3

5

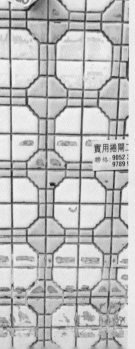

4

1. 漢字が効いてる麺屋さん。2. たれ皿×トレーのスタッキング。3. レッド×イエロー×チャーシューでパーフェクト。4. ジャケ買い必至のコンビーフ缶。5. とにかく積もう、砂鍋（サーコー、土鍋のこと）とユニオンジャックがザ・香港。

猪油渣麺 17.5

窓の調味料、カレンダー、タイルの壁、
テーブル席の色、すべて正解。

1948
PONTE N⁰.16

街外れにもヨーロッパの風情。

Macau
マカオ

港から猛スピードのフェリーに揺られ、マカオへ上陸。酔い止めの薬を飲んだが、時間を間違えたのか着いてからだるくなる。船を降りた時はのどかな風景だったが、タクシーで移動中、突如視界に現れる巨大な建物に眠気が覚めた。それがカジノだ！　なんだか悪趣味。ホテルもやたらとデカい。荷物を置いたらポルトガル料理を食べて街へ繰り出す。歴史地区には地面を埋め尽くすツートーンの石畳、カルサーダスが街の雰囲気を作っている。ポルトガルを思わせるアズレージョ、カラフルな西洋の建物、異国情緒たっぷり。これを待っていた。小さな漁村へ足を延ばすと、時が止まったかのようなのんびりした時間が流れていた。街に戻り、巨大な建物やネオンにも慣れたのか、混在する感じも悪くないなと思うようになっていた。摩訶不思議なマカオ。

錆びた鉄格子と酒瓶。

ポルトガル雑貨の店。

赤い格子窓と門が並ぶ「福隆新街」は昔の中国を思わせる路地裏。

Cambodia

カンボジア

一生に一度はこの目で見てみたいアンコール
ワット。というか、ガイドブックはアンコール
ワット以外の情報が少ない。ある意味、未知の国だった。
シェムリアップの空港に降り立つと、タクシーに混ざって
トゥクトゥク（三輪タクシー）もお出迎え。スコールの後
だったのか、どこもかしこも泥だらけ。湿度は高め。夜の
街は外国人観光客でいっぱい。リゾートっぽい空気感。ま
だ暗い早朝にホテルを出てアンコールワットへ。日の出と
ともに現れるあのシルエット。密林から遺跡を見つけたフ
ランス人探検家の気持ちに思いを馳せる。聞いたことのな
い鳥の鳴き声、カエルの声、すごいジャングル感。昼間は
トゥクトゥクで市場巡り。すぐに埃まみれ。壮大な遺跡群
とジャングル。その側ののどかな日常の対比がゾクゾクする。
また夜が来て、ヤモリが遊びにくる。

木材とプラスチックの調和。

文字の形と色合わせが最高に可愛い。

伝統柄で埋め尽くされるテーブル。

Thailand タイ

初めてバンコクを訪れた時は、街中、土埃が舞っていた。タイ語の看板がおもしろくて写真を撮った。トゥクトゥクに乗ったり、ムエタイを見たり、「เวทีมวยราชดำเนิน(ラーチャダムノンスタジアム)」はすごい盛り上がりで圧倒された。選手がはいてるムエタイパンツがカッコよくて欲しくなった。夜の街角では、ニセモノっぽいブランドのポロシャツや

ロックTシャツに混ざってそれも売られていた。次に訪れた時は高層ビルが立ち並び、高級ブランドが入るショッピングビル。大都市どころかコスモポリタンシティとしての風格すら感じた。高層階のホテルの部屋からの眺めは映画で観たような近未来都市だった。だけど、変わらずトゥクトゥクが街を走っていたのが嬉しかった。

タイのテイクアウトはもはやアート。

タイ語と下手ウマなイラストの看板。

派手な仏像がタイっぽい。

おやつ屋台。この荷台、ほしい。

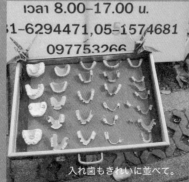

入れ歯もきれいに並べて。

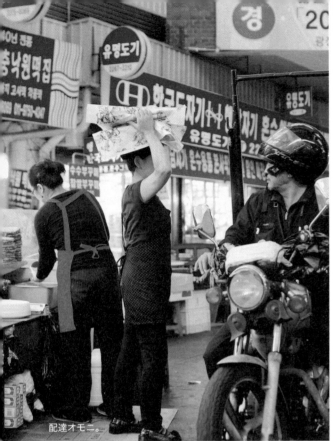
配達オモニ。

屋台の席の座ぶとん。

Korea 韓国

冬のソウル、朝の市場。屋台で働く韓国オモニの原色ファッション。赤×ピンク×オレンジがキーカラー。これを見て韓国を実感する。オモニは屋台のディスプレイも上手い。ステンレスボウルや赤や青のプラザルを駆使しておかずを並べる。칼국수（カルグクス）、호박죽（カボチャ粥）、토스트（トーストゥ）

……。激しめな格好とは反対に、体にやさしい朝ごはん。いろんな意味で寒さも吹き飛ぶ。梨泰院（イテウォン）には常宿がある。モスク、多国籍料理、外国人、クラフトビールと異国度が高いミックスカルチャー。街を見下ろす高台には韓国の伝統家屋の韓屋ハノック。いろんな顔がおもしろい。

庭が見える昔の建物の扉。

ちゃぶ台サランヘヨ。

赤いザル×ステンレスがクール。

冬の屋台の온돌（オンドル）。
韓国式の暖房。

| 私的あこがれキッチン |　いつか持ちたい、旅で出会った夢のキッチン。

壁に鍋のキッチン

壁に鍋がたくさん下げてあるキッチン。探しやすさもさることながら、可愛いく見えるから不思議。

タジンのあるキッチン

フランス製のコンロにちょこんと載ったタジン。タジンで調理している間はミントティー
とクッキーで、できあがりをのんびり待つ。

土間のキッチン

モロッコのベルベル村の土間のキッチン。オーブンも何もかも
手作り。低い椅子に座って作業する。半分外という解放感がいい。

森のそばのキッチン

キッチンを出ると、目の前に森が広がる。朝食をすませたら食後はトレーにコーヒー
とお菓子を載せて森へ。小川のほとりでのコーヒータイムが毎日の日課。

路上のキッチン

路上のキッチンを屋台と呼ぶのかもしれないけど、必要最小限の設備を揃えた、どこでも料理ができる最高に可愛い小さな移動式キッチンだと思う。

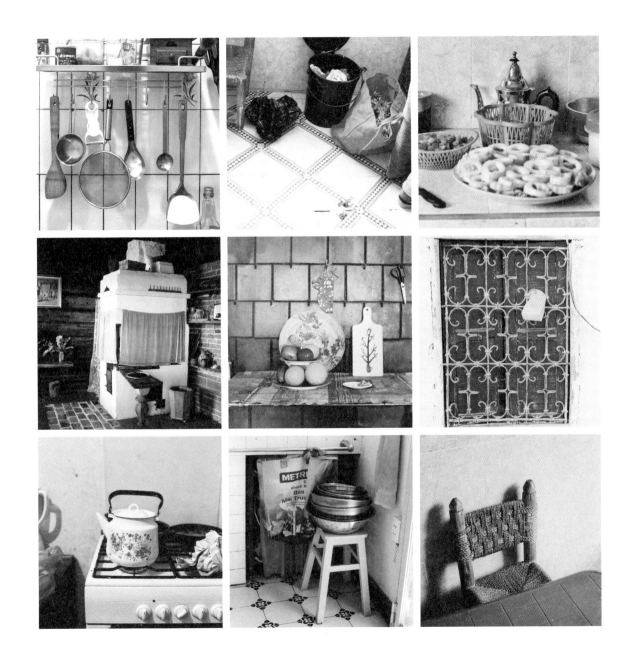

TISANE

contre les maladies du

FRAGI

FRAGILE

RAGILE

ủy

Cầu
ếm, HN
95

CHUYÊN BÁN BUÔN, BÁN LẺ:
ĐỒ NHỰA - ĐỒ GIA DỤNG

Ngày............tháng............năm 201.....

Phụ Gi

Vanil

ƠM NGON TIN

HH THIÊN TH

K, 50000

100000

Nouha vous

a compander

Thể tích thực: 220ml

MILK

Sữa tiệt trù

VINAM

Sữa tiệt trùng - có đường

VINAM

Column
我が家の小さな舞踊団

トルコで出会った「Sufi スーフィー」。
その神秘的な魅力に惹かれて、行くたび
増える、セマー人形。

Pieces of Travel
インテリアルール

しまわなくていい！
気分が上がる３つの方法。★★★

| 見せたい部屋にする |

お気に入りのモノたちを見せるための私流の収納アイデア。気軽に部屋の雰囲気を変えられる。見せたくなる部屋にするための3つのキーワードが「さげる」「つむ」「まとめる」だ。

HANGING さげる

モノを置くスペースがなくなって、さげる収納が増えた。そのヒントは異国の地より拝借。トルコの問屋街で見た、あらゆる日用品が吊りさげられている店の数々。商品が見やすくておまけにディスプレイとしてもインパクトがあって、一石二鳥。モロッコのスークで、色とりどりのカフタンやバブーシュがぶらさがり、エキゾチックな空間作りにひと役買っていた。「Hanging」はまさに実用と見せる(魅せる)を兼ね備えた、見せる収納初心者におすすめのアイデア。ポイントは"さげられるモノはとりあえずさげてみよ"。まずは考えるより行動を。さげた瞬間、お店屋さん気分で楽しくなること間違いなし。いつもの空間がきっと違って見えるはず。あとは足したり、引いたり、自分が一番心地いい量や色合わせになれば大成功。

1. カップ形のカゴバッグ。ビニール袋の収納に。2. シリーズもので統一して。3. バスマットはバスアイテムやトルコのお守りとさげて、ハマム気分に。4. フリーダ・カーロのナイロンバッグ。袋類や食材入れに。5. もらったエコバッグや巾着、どこに入れていいかわからないものをまとめてイン。6. ザルごと入れたり、どんな形にも対応してくれるネットバッグ。7. トルコの問屋街風。チャイグラスをのせるトレーをさげて。8. 仕切りがあるハンギングネット。小物や食材の保存に便利。9. 大きめネットバッグがあれば。大きいトレーも吊りさげることが可能に。

STACKING つむ

アジアの市場でよく見かける、たくさんスタッキングされたカラフルなプラスチックのスツール。同じものをただつみ重ねてるだけなのに、よくわからないけど私には可愛いく見える。もちろんそんな意図などはないのだろうけど。私の中ではこれは収納というより、マネしたくなるインテリアのテクニック。市場で無造作に、そして必要以上に積み上げられたカゴ、カゴ、カゴ。取り出しにくいことはわかっている。でも愛嬌があっていい。そして何より「つむ」が好きになったのは、絨毯のある国々で店内につみ上がったキリムを見た時。さまざまな柄や色が織りなす側面美。まるでモザイクタイルのような美しさ。計算して作れない側面というのがたまらない。これが「Stacking」の魅力。つみ方ひとつで表情を変えてくれる。

1. ウズベキスタンボウルは色と柄の見え隠れがいい感じ。2. タジンは鍋の部分と三角のフタを部分をそれぞれスタッキング。3. 異なるテイストのザルたちもつむとまとまる。4. ステンレスやアルミの鍋やポットはランダムにつんで問屋街風。5. 香港の砂鍋。いつでもスタンバイ OK。6. インドの鍋はつんでネットに入れてみた。Good！7. 大同電鍋はつんだ姿もキュート。8. スザニやモロッコのテキスタイルは側面を楽しんで。9. ベトナムのソンベ焼きはブルーで統一。

129

TOGETHER まとめる

「さげる」「つむ」ときて、最後は「まとめる」。モノが多いことはそれだけアイテム数も多くなる。細々したモノ、大きさがバラバラ etc.……、置き場所に困る。しまっちゃえばいいのだけれど、やっぱりうまく見せてあげたい。我が家ではそんな時、大きなトレーやカゴ、器などにとりあえず入れておくことにしている。はじめは一時しのぎのつもりでだったが、いつしか定番の収納術に。まとめて入れ

ておくだけで散らかって見えないし、ぼんやりしていたモノが、まとめることで引き立って見えたり、リズムが生まれる気がする。今では部屋のあちこちにお気に入りのまとめたモノのコーナーが点在している。旅先の市場で見た大きなザルに入った野菜や果物、食堂のカトラリーの置き方など思い出しながら日々を楽しんでいる。

1. リトアニアのカゴに根菜を入れればマルシェ風。2. ベトナムのカゴバッグにはプラ皿をまとめて収納。
3. 楊枝や薬味皿、細かいものはなんでもまとめちゃって！4. ココット類はワイヤーのカゴにランダムに入れておく。5. スタッキングできないトルコのチャイグラスは専用トレーに。6. ビッグサイズのカクテルグラスにはレモンを。7. モロッコのフタ付きのパンかごには食材のストックを。8. カトラリーを入れたポットはブルーの木製のコンテナにまとめて収納。9. モロッコのザルに、韓国のポソンをまとめて。

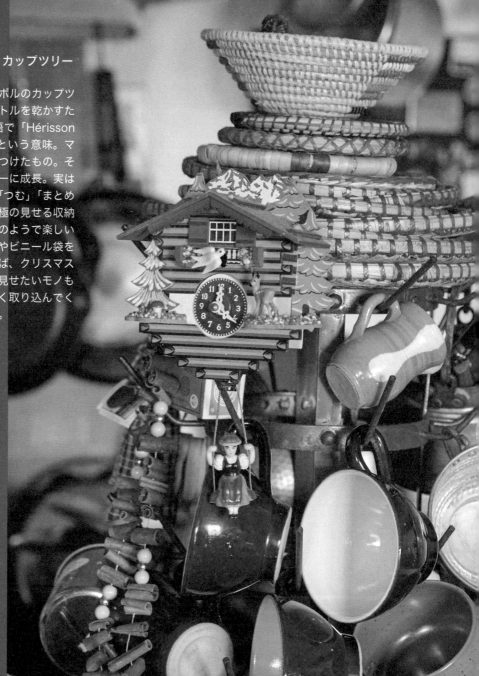

CUP TREE カップツリー

我が家のキッチンのシンボルのカップツ
リー。本来はワインのボトルを乾かすた
めのラック。フランス語で「Hérisson
エリソン」、ハリネズミという意味。マ
グカップをさげるのに見つけたもの。そ
れがいつしかすごいタワーに成長。実は
このタワーは「さげる」「つむ」「まとめ
る」で構成されている究極の見せる収納
になっている。宝物探しのようで楽しい
カップツリーは、輪ゴムやビニール袋を
こっそりさげる時もあれば、クリスマス
にはお菓子をさげたり、見せたいモノも
見せたくないモノもうまく取り込んでく
れる魔法のツールなのだ。

1. 最上階のカゴを覗くと小さな鶏がいる仕組み。日常にふとした笑顔のポイント。2. フランス南西部の村で見つけた木靴のキーホルダー。旅の思い出もぶらさげて。3. カンボジアの伝統布クロマーの巾着は胡椒入り。4. マルセイユで買ったお菓子の型。いつかの出番を待っている。5. 台湾の小さなほうきと、お土産にもらった異国のお茶。6. トルコの古道具屋で見つけたバルクの入れ物にナイフ類をまとめて。7. トルコのアイラン（ヨーグルトドリンク）カップ。8. トルコのシナモンの飾りもの。9. スイス（たぶん）の時計。きちんと時を刻まなくなりこちらに。

Pieces of Travel
おわりに

旅に行くと、それぞれの国で素敵なモノやシーンに出会う。アジア、東欧、北アフリカ……国によってまったく違うテイスト。どれも好き。選べない。

気に入った収納家具がなく「さげる」「つむ」「まとめる」という簡易の収納をするようになった。家具が見つかるまでのはずが、ひとつに固定したくないという気持ちもあってこの流動的なバザールスタイルがいつしか定着。

このスタイルに勇気をもらったのが、やっぱり旅先。日本人はお客さんを迎える時、普段以上に部屋を片づけがち。でも海外の家に行くと気取らないいつもの姿のまま。「これでいいんだ」と腑に落ちた。

好きなモノすべてひとつに決められない、だからミックスインテリアの誕生だ。

モノは多いし、決しておすすめしない我が家のスタイル。ミニマルとは対極に思えるかもしれないが、「好き」という一点を貫く。これこそ究極のミニマルな思考（笑）。

モノがある温かな雰囲気がやっぱり好き。

口尾麻美（くちお・あさみ）

料理研究家・フォトエッセイスト。旅先で出会った食材や道具、ライフスタイルからインスピレーションを受けた料理を提案。異国の家庭料理やストリートフード、食文化に魅せられ写真に収めている。旅をテーマにした料理は書籍や雑誌、イベントを通して発信している。また、料理と同じく、旅のエッセンスが詰まった自宅のインテリアにも定評があり、NHK「世界はほしいモノにあふれてる」を始め、多数メディアに出演。著書に『まだ知らない台湾ローカル 旅とレシピ』『はじめまして 電鍋レシピ』『旅するリトアニア』（いずれもグラフィック社刊）、『おはよう！ アジアの朝ごはん』『トルコのパンと粉なものとスープ』（ともに誠文堂新光社刊）など。

⊙ @asamikuchio

旅するインテリア
Pieces of Travel

2022年9月28日　初版第1刷発行

著　　者	口尾麻美
写　　真	奥川純一、口尾麻美
編　　集	西村依莉
デザイン	孝学直
発 行 者	石山健三

発 行 所　**ケンエレブックス**
〒 101-0064　東京都千代田区神田猿楽町 2-1-14　A&X ビル 4F
TEL：03-4246-6231　FAX：050-3488-1912
URL：http://books.kenelephant.co.jp/
E-MAIL：info.books@kenelephant.co.jp

発 売 元　**クラーケンラボ**
〒 101-0064　東京都千代田区神田猿楽町 2-1-14　A&X ビル 4F
TEL：03-5259-5376　FAX：050-3488-1912

印 刷 所　中央精版印刷株式会社

©Asami Kuchio 2022　Printed in Japan
ISBN 978-4-910315-19-5　C0077　乱丁・落丁本はお取り替えいたします。